한국사, 진작 만화로 볼걸

"어려운 한국사, 쉽게 배울 수 없나요?"

700만 랜선 제자의 고민에
큰★별쌤 최태성이 만화로 답하다

이 책을 손에 집어 들다니요. 운명적 만남! 만나서 반갑습니다.
큰★별쌤 최태성입니다.
강연장에 가면 손 번쩍! 꼭 나오는 질문이 하나 있어요.
"선생님~ 한국사는 너무 딱딱하고 어려워요. 어떻게 하면 쉽게 배울 수 있나요?"

아~ 뭐라고 답을 해드리면 좋을까. 잠시 머뭇거리던 저는 이렇게 답해드려요.
**"역사는 사람을 만나는 인문학이에요.
그 사람을 통해 자신의 삶을 들여다보는 훈련을 하면 역사가 재밌어진답니다."**

그런데요. 질문자가 학생이거나, 시험으로 한국사를 배워야 하는 목적을 가진 분인 경우
표정이 어두워지고 걱정이 가득한 눈빛으로 바뀌더라고요.
분명 이게 답이긴 한데, 여전히 무언가 효과를 바로 보고 싶어 하는 분들에겐
가까이 하기엔 너무 먼 답이었던 거지요.
저 역시 오랫동안 그 고민의 해답을 찾고 싶었습니다.

그래서 제가 선택한 방법은요?
여러분이 이 책을 펴든 이유이기도 한,
바로 **만화**입니다.
만화는 가장 이해하기 쉬운 기록과 소통의 수단이잖아요.
남녀노소 쉽게, 즐겁게 완독할 수 있는 장르요.
어려운 개념의 텍스트도, 낯선 상황도 네모난 칸 안으로 쑥 밀어 넣기만 하면
한눈에 쏙 들어오는 글과 그림의 절묘한 하모니가 탄생하지요.

어디 그뿐인가요.
칸과 칸 사이에 지식도 꽉 차게 눌러 담을 수 있고, 그 너머의 진한 울림까지 표현되잖아요. 감동~

묻지마 암기로, 각종 시험과 공부 스트레스로,
한국사가 두려운 여러분에게
드디어 선물을 드릴 수 있게 되었습니다.
만화로 만나는 최태성 한국사 강의
여러분의 고민에 즉시 처방 가능한 답도 해 드릴 수 있게 되었고요.

이 책은 한국사 초·중·고등학교 교과서를 바탕으로
각종 시험에서 반복해서 나오는 출제 포인트까지 더한 학습 만화예요.
물론 가볍게 끝까지 읽어 낼 수 있도록 재미도 더했어요.
딱 한 번만 읽어도 흐름이 꽉 잡히고요.
기초를 다지기에도 절대 부족함이 없도록 했어요.
학교 내신, 대입 수능, 한국사능력검정시험, 나아가 공무원 한국사 시험에서도
분명 도움받으실 수 있을 거예요.

초등학생은 미리미리, 중·고등학생은 지금부터,
일반인은 늦게나마, 우리 모두 더 늦기 전에
한국사와 친해지길 바래요♡
그저 만화책을 봤을 뿐인데 점수마저 오르는 행복한 순간을 꿈꿔 보시길…

괜찮아요. 만화면 어때요?
일단 만화로 출발하는 거예요. 만화는 '취향의 선택'이지 '수준의 문제'가 아니니까요.
준비 됐나요? 저는 준비 됐습니다!!
당당히 만화책으로 즐기면서 배울 수 있어요.
큰★별쌤의 첫 학습 강의 만화.
우리 함께, 지금 바로, 신나게 시작해 봅시다.

한국사가 난감한 모든 분들을 생각하며
최태성 올림

2권 근현대편

목차 | 역사와의 만남

프롤로그 8
꿈이 만든 역사, 대한민국이 시작되기까지

📖 개항기

01. 조선의 구원투수를 자처한 개혁가, 흥선 대원군 15
    #흥선 대원군의 개혁 정책

02. 네 멋대로 개항 요구에 내 뜻대로 통상 수교 거부 23
    #흥선 대원군의 통상 수교 거부 정책

03. 첫 단추부터 잘못 끼운 개항, 강화도 조약 30
    #강화도 조약

04. 개화의 바람이 몰고 온 갈등과 침탈의 역사 37
    #개화파의 등용과 임오군란

05. 3일 만에 끝나버린 개혁의 꿈 47
    #갑신정변

06. 줍는 사람이 임자, 한반도를 둘러싼 열강의 힘겨루기 53
    #갑신정변 이후 조선의 정세

07. 참다못한 농민들의 선택, 역사의 물줄기를 바꾸다 57
    #동학 농민 운동

08. 변화의 물줄기가 빚어낸 갑오년의 개혁 ... 69
    #갑오개혁

09. 자주독립을 향한 서로 다른 발걸음 81
    #아관 파천 이후_독립 협회, 대한 제국

10. 발버둥 칠수록 어두운 굴속으로 91
    #국권 침탈

11. 국권 회복을 향한 여러 갈래의 길 102
    #개항기 저항의 역사

12. 열강의 경제 침탈, 무너지는 조선, 이어지는 저항 120
    #경제적 구국 운동의 전개

13. 두 얼굴로 다가온 근대 132
    #근대 문물의 수용

14. 우리의 발자국이 남겨질 땅 146
    #독도와 간도

📖 일제 강점기

15. 총칼로 길들이는 식민지 조선 ············ 157
    `#무단 통치`

16. 겉 다르고 속 다른 문화 통치 ············ 166
    `#이른바 문화 통치`

17. 침략 전쟁의 희생양이 된 조선 ············ 174
    `#민족 말살 통치_전시 동원 체제`

18. 꺾일 줄 모르는 민족의 독립 의지 ············ 182
    `#1910년대 저항 운동`

19. 독립을 향한 당당한 외침 ············ 193
    `#3·1 운동과 대한민국 임시 정부`

20. 식민지 굴레에서 벗어나기 위한 몸부림 ·· 205
    `#1920년대 국내의 저항`

21. 나라 밖에서 써 내려간 승리의 역사 ······ 220
    `#1920년대 국외 항일 무장 투쟁`

22. 온 힘을 다해 준비한 광복의 순간 ········ 229
    `#1930년대 국내외 독립운동`

📖 현대

23. 마침내 광복, 그러나 분단 ············ 246
    `#1945년 8월 15일`

24. 대한민국에 닥친 시련, 전쟁과 독재 ······ 257
    `#대한민국 정부 수립과 이후의 모습`

25. 독재에 맞선 거센 저항의 물결 ············ 270
    `#민주화를 위한 노력과 시련`

26. 피의 독재에서 승리의 민주주의로 ········ 283
    `#민주주의의 발전`

27. 경제 발전의 빛과 그림자 ············ 293
    `#광복 이후 사회·경제적 변화`

28. 풀지 못한 숙제, 통일로 가는 길 ············ 305
    `#통일을 위한 노력`

에필로그 ············ 313
그린이의 맺음말

1권 전근대편

프롤로그
우리가 역사를 배워야 하는 진짜 이유

📖 고대

01. 돌멩이 속에 숨겨진 세상
    #구석기 시대

02. 인류사를 바꾼 첫 번째 혁명, 농경의 시작
    #신석기 시대

03. 금속에 비친 지배자의 삶
    #청동기·철기 시대

04. 단군 신화를 품은 민족의 첫 울타리
    #고조선의 성장과 발전

05. 철기로 이룬 공존의 터전
    #여러 나라의 성장

06. 한강 타이틀 매치의 시작,
    첫 영광의 주인공 백제
    #백제의 성립과 발전

07. 동아시아를 호령한 민족의 자존심, 고구려
    #고구려의 성립과 발전

08. 늦깎이 나라 신라의 대반전 드라마
    #신라의 성장과 삼국 통일

09. 삼국 아닌 사국 시대,
    잃어버린 가야 역사를 찾아서
    #가야의 발전과 쇠퇴

10. 발해에서 들리는 고구려의 메아리
    #발해의 성립과 발전

11. 통일 지도 위에 그린 신라의 새로운 꿈
    #통일 신라의 발전

12. 혼란 속에서 피어나는 또 다른 움직임
    #통일 신라의 쇠퇴

13. 지금까지 이어지는 고대인의 소망
    #고대의 사상과 종교

14. 믿음이 빚어낸 찬란한 아름다움
    #고대의 예술과 문화 전파

📖 고려

15. 고려의 시작,
    개혁과 타협의 기막힌 어울림
    #고려의 건국과 국가 기틀의 확립

16. 조화와 균형 속에 다져지는
    고려의 기틀
    #고려의 통치 체제 정비

17. 켜켜이 쌓인 모순의 폭발
    #문벌 사회의 동요와 무신 정권의 성립

18. 아쉽게 저문 공민왕의 개혁의 꿈
    #고려 후기의 정치 변동

19. 외침을 이겨낸 불굴의 고려
    #고려의 대외 관계

20. 고려 시대 사람들은 어떻게 살았을까?
    #고려의 사회와 가족 제도

21. 바다를 열어 알린 이름, COREA
    #고려의 경제 정책과 경제 생활

22. 화합을 위한 깨달음의 길
   #고려의 사상과 학문 발달

23. 고려인의 마음을 아로새긴
    화려함과 웅장함의 진수
    #불교 예술과 과학 발달

조선

24. 왕과 신하가 조화로운 유교 국가 조선의 탄생
    #조선의 건국과 국가 기틀의 확립

25. 치밀하게 짜여진 조선의 시스템
    #조선의 통치 체제 정비

26. 조선의 물줄기를 바꾼
    새로운 정치의 시작
    #사림의 성장과 붕당의 형성

27. 7년 전쟁으로 깨진 200년의 평화
    #조선의 대외 관계와 왜란의 극복

28. 명분만 외치다 무릎 꿇은 인조
    #호란의 발발과 극복

29. 스러진 북벌의 꿈과 예송으로 표출된
    붕당 간 대립
    #조선 후기의 지배 질서 강화

30. 왕권과 맞바꾼 공존의 질서
    #붕당 정치의 변질

31. 영조와 정조의 탕평 속 강력한 개혁 정치
    #영조와 정조의 탕평 정치

32. 뿌리째 흔들리는 조선 백성의 삶
    #세도 정치의 전개와 농민 봉기

33. 새로운 원칙 아래 갖춰진 조선의 세금 제도
    #조선 전기의 경제 정책

34. 변화의 시대, 달라진 세금 정책
    #조선 후기의 경제 정책

35. 자본주의 경제를 향한 조선의 발걸음
    #조선의 경제 생활

36. 평등 사회로 가는 길
    #조선의 사회 모습

37. 시대의 요구에 답을 제시한 실학
    #조선의 학문 발달

38. '우리 것'을 길러낸 조선의 문화
    #조선의 문화와 예술

에필로그

그린이의 맺음말

 프롤로그 : 역사와 만나는 두 번째 시간 ・・・

꿈이 만든 역사,
　대한민국이 시작되기까지

#역사는 꿈을 찾는 여정　#역사에게 선물받은 오늘　#실체가 있는 희망

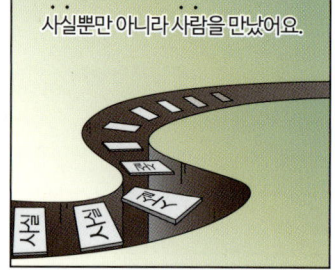

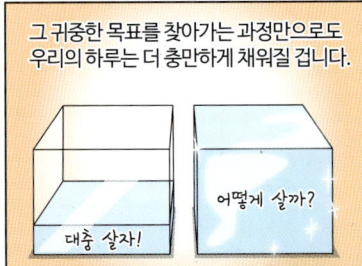

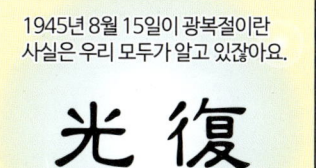

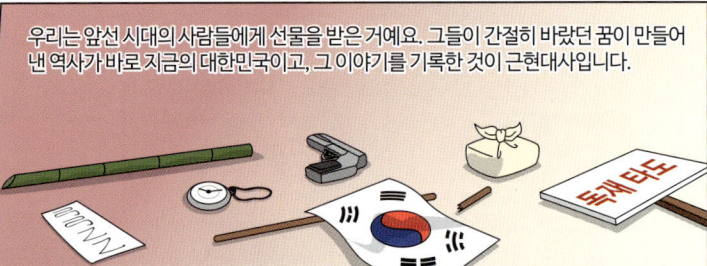

개항기

01~14

#그때 우리에겐 꿈이 있었다

19세기는 서구 열강들이 제국주의를 앞세워
식민지를 건설하던 폭력과 억압의 시대였어요.
조선은 자본주의의 바다에 발만 담갔을 뿐인데 냉혹한 현실을 마주해야 했죠.
'문을 여시오!' 제국주의 국가들의 외침에
흥선 대원군은 문고리를 붙들고 개항을 온몸으로 막아냅니다.
그러나 조선은 끝내 강화도 조약을 맺게 되었고, 이후 열강들이 파도처럼 밀려들어 오죠.

개항기의 역사는 외세를 끌어들였을 때 얼마나 혹독한 대가를 치르는지 보여줍니다.
당시 집권층은 기층민의 소리에 귀 기울이지 않았어요.
이로 인해 어쩌면 우리의 역사가 실패의 연속으로 보일 수도 있을 거예요.
그러나 우리는 당하고만 있지 않았어요.
나라를 위해 치열하게 고민하고 저항했죠.
지금부터 그들을 만나러 150여 년 전으로 돌아가 보겠습니다.

첫 번째 만남

조선의 구원투수를 자처한 개혁가, 흥선 대원군

#흥선 대원군의 개혁 정책　#조선의 마지막 불꽃　#왕권 강화　#민생 안정　#양반도_백성도 불남

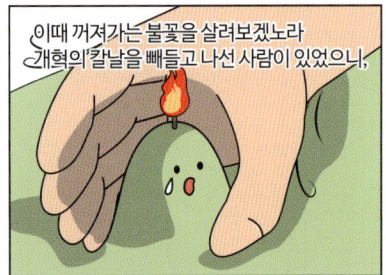

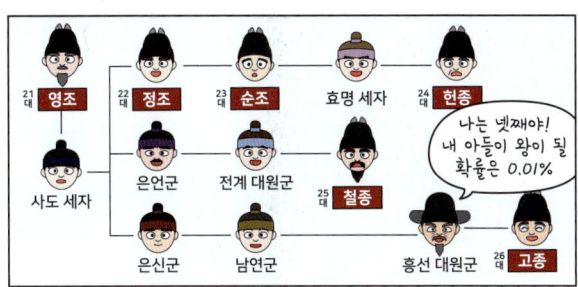

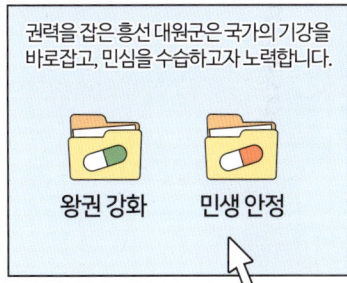

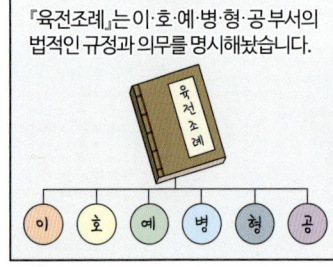

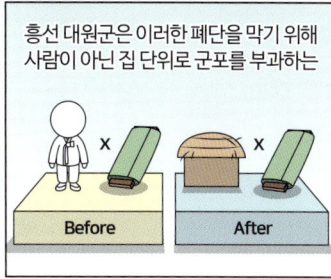 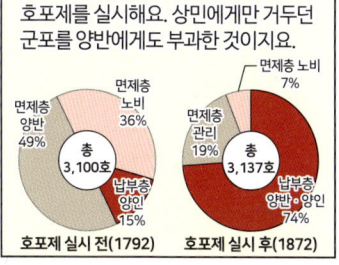 

 두 번째 만남 ...

네 멋대로 개항 요구에 내 뜻대로 통상 수교 거부

 #흥선 대원군의 통상 수교 거부 정책 #병인양요 #신미양요 #문을 여시오_문을 닫겠소_척화비

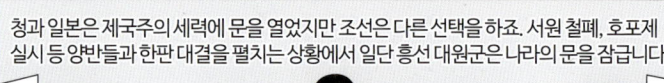

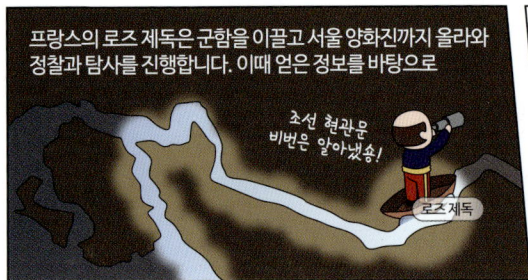

 세 번째 만남

첫 단추부터 잘못 끼운 개항, 강화도 조약

 #강화도 조약 #문이 열리다 #의도적 도발_운요호 사건 #준비 없는 개항 #불행의 서막

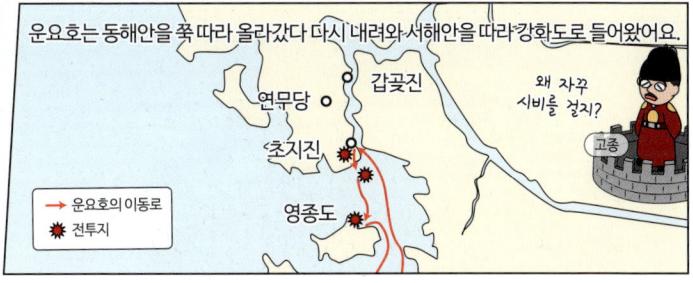

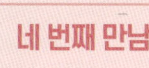

네 번째 만남

개화의 바람이 몰고 온 갈등과 침탈의 역사

#개화파의 등용과 임오군란 #위정척사파 VS 개화파 #불청객은 청 #열강의 덫에 빠지다

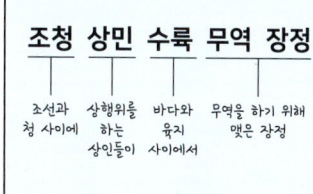

다섯 번째 만남

3일 만에 끝나버린 개혁의 꿈

#갑신정변 #디데이_우정총국 개국 축하연 #개혁 정강 #청군 개입 #두 얼굴을 가진 개혁

여섯 번째 만남

줍는 사람이 임자, 한반도를 둘러싼 열강의 힘겨루기

#갑신정변 이후 조선의 정세 #거문도 점령 #조선의 중립화 #공짜는 없다_혹독한 책임과 대가

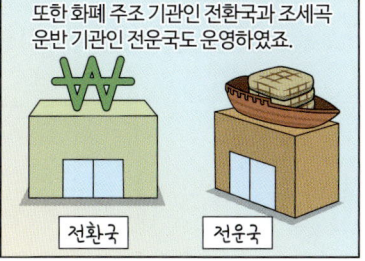

일곱 번째 만남

참다못한 농민들의 선택, 역사의 물줄기를 바꾸다

#동학 농민 운동 #반외세_반봉건 #주모자는 누구?_사발통문 #전주성 점령 #집강소 설치 #우금치 전투 #녹두 장군_전봉준

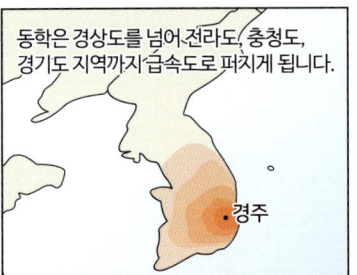

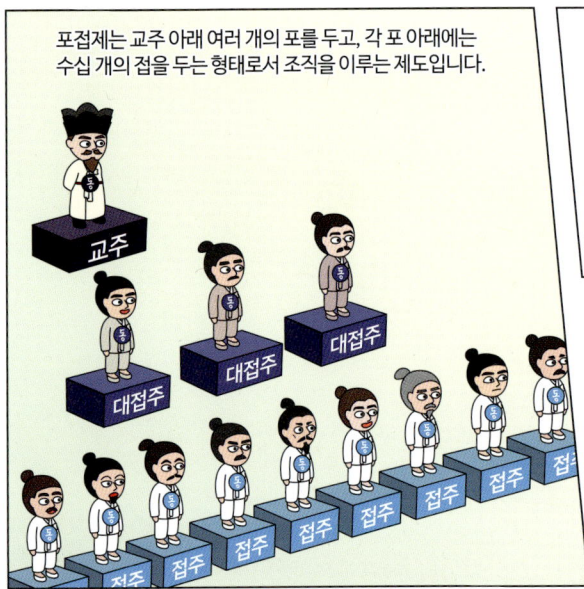

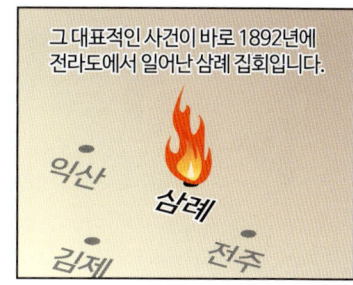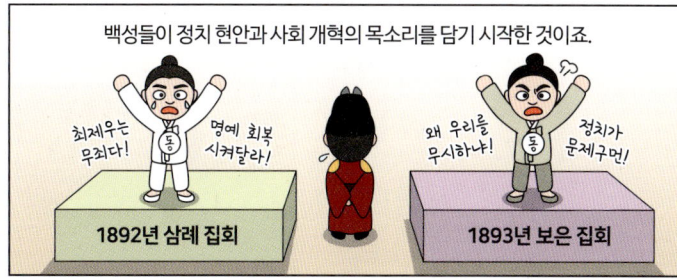

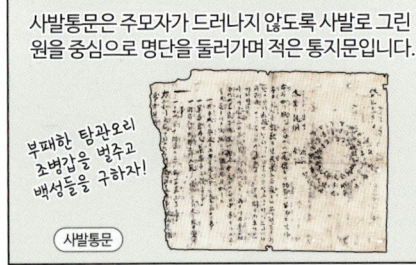

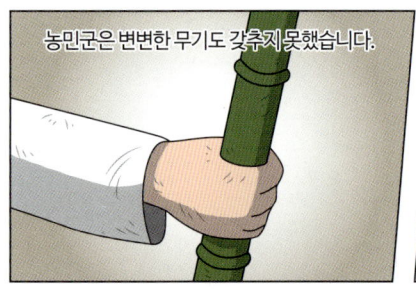

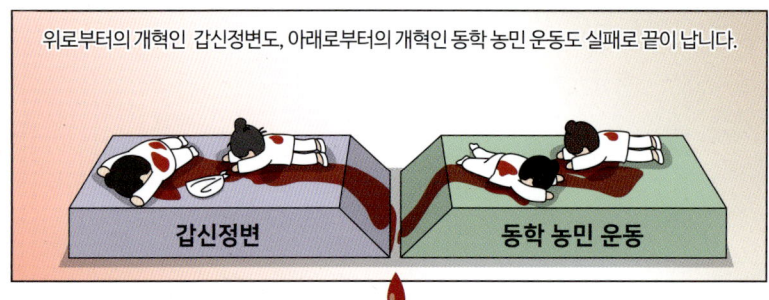

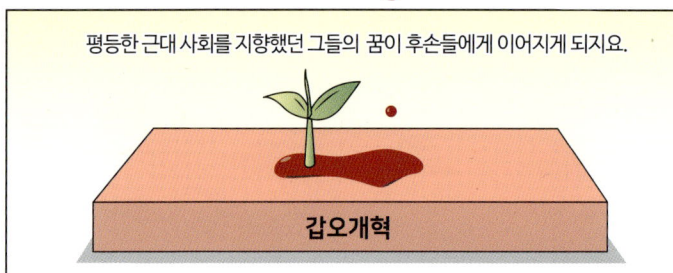

여덟 번째 만남

변화의 물줄기가 빚어낸 갑오년의 개혁

#갑오개혁 #신분제 철폐 #홍범 14조 #을미사변 #을미개혁_단발령
#갑오개혁의 두 얼굴_조선의 고군분투 VS 일본의 압력

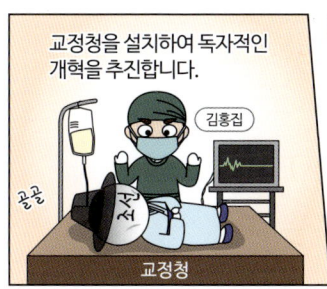

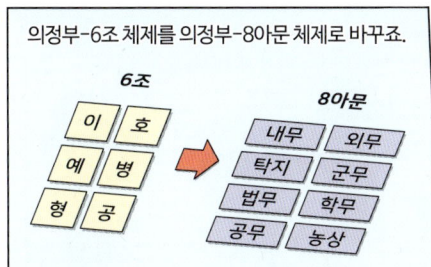

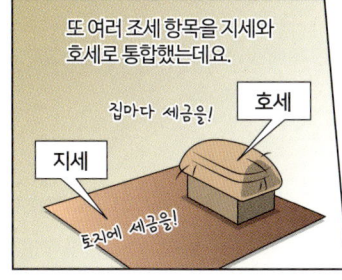

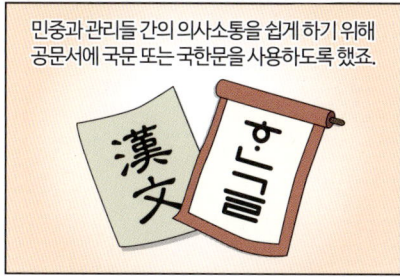

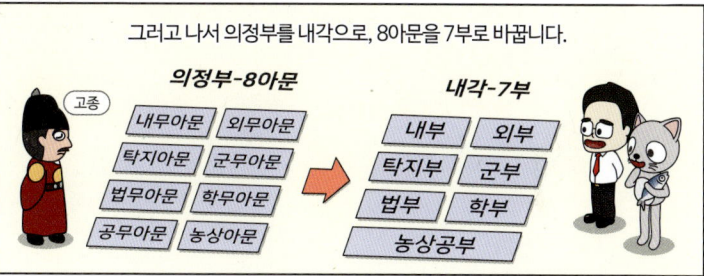
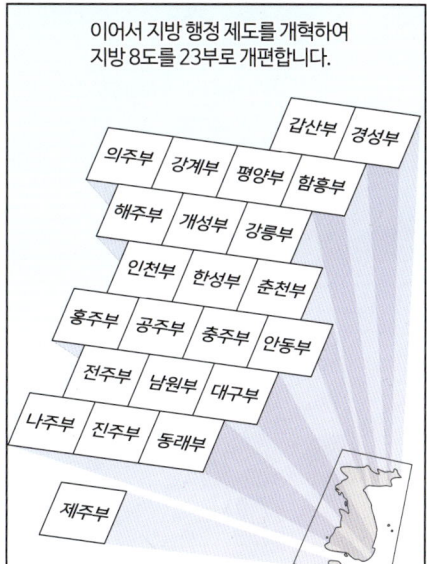

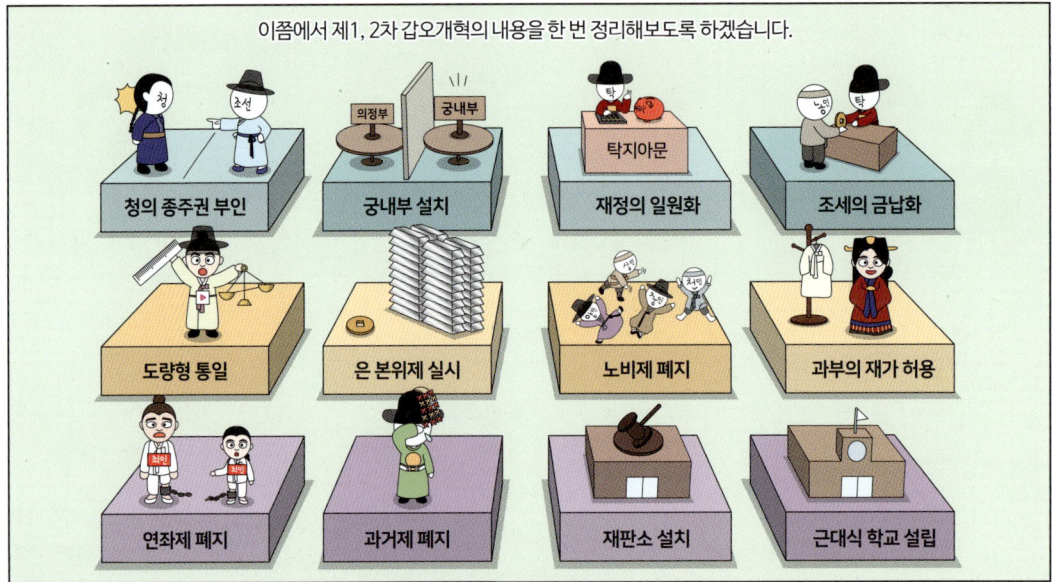

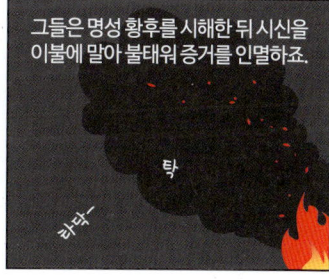

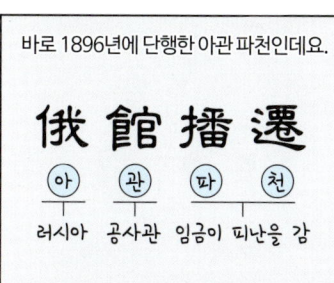

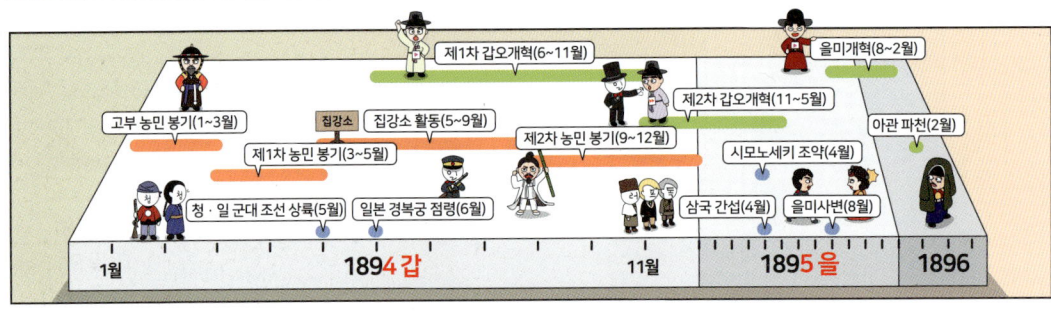

아홉 번째 만남

자주독립을 향한 서로 다른 발걸음

#아관 파천 이후_독립 협회, 대한 제국 #광무개혁 #만민 공동회 #서로 다른 색깔의 개혁

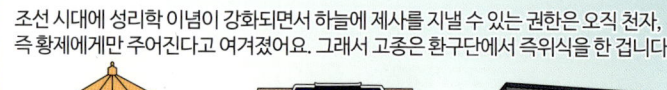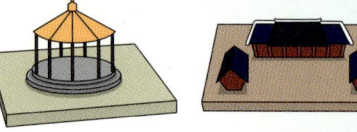

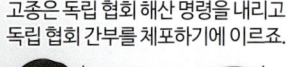

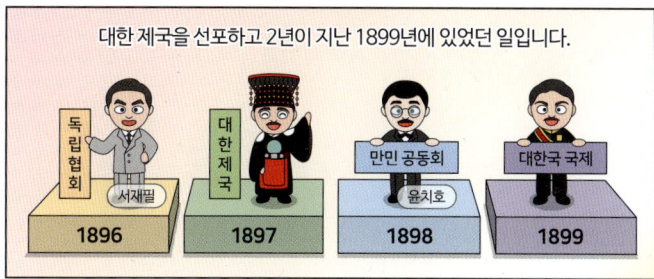

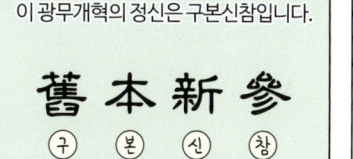

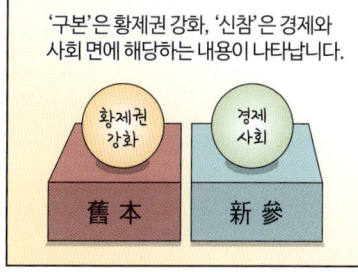

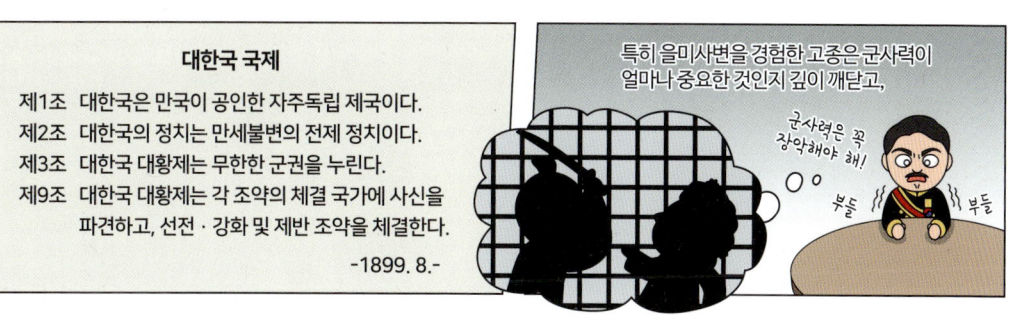

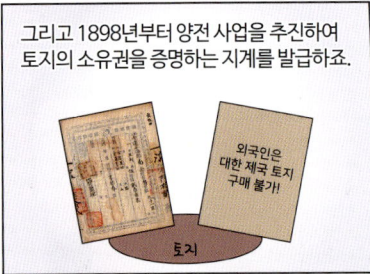

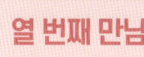 열 번째 만남

발버둥 칠수록
어두운 굴속으로

#국권 침탈 #한일 의정서 #을사늑약 #한일 신협약 #한국은 일본 거_한일 병합 조약

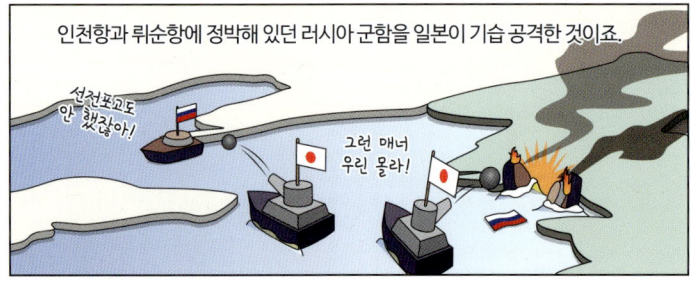

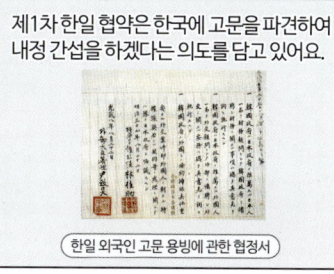

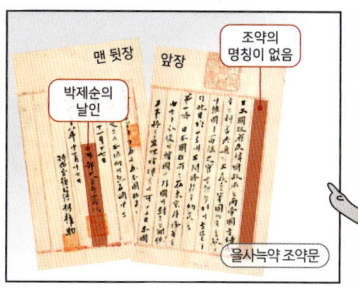

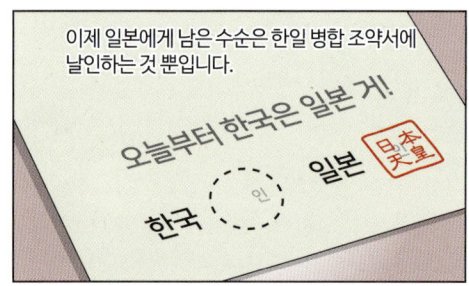

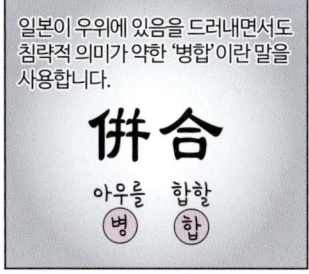
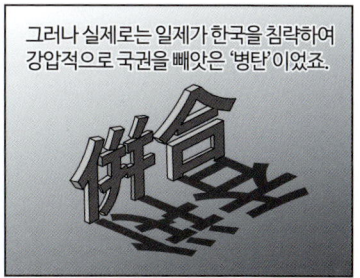

열한 번째 만남

국권 회복을 향한 여러 갈래의 길

#개항기 저항의 역사 #항일 의병 운동 #의열 투쟁 #애국 계몽 운동 #다른 방법, 같은 목적

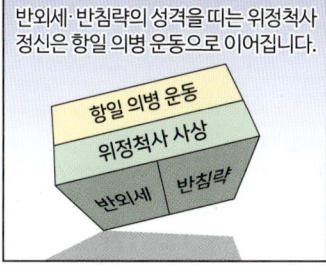

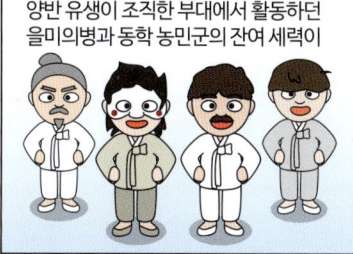

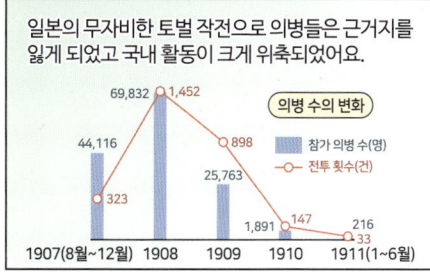

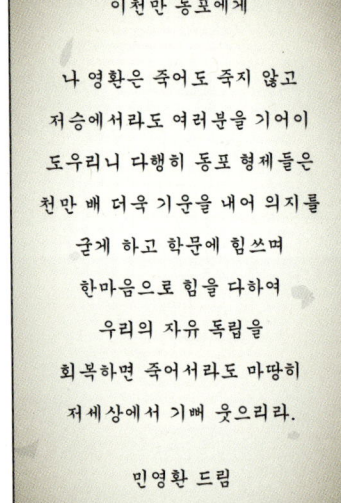
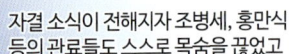
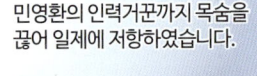

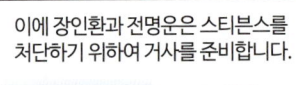

 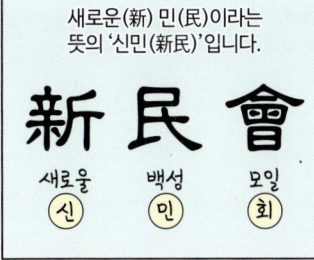 

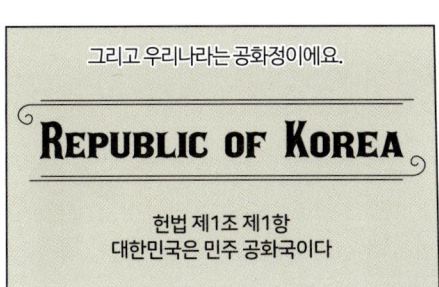 

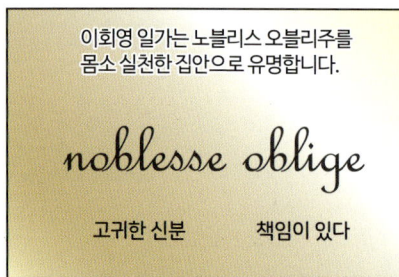

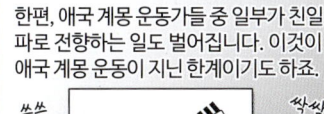

열두 번째 만남

열강의 경제 침탈, 무너지는 조선, 이어지는 저항

 #경제적 구국 운동의 전개 #이권 침탈 #국채 보상 운동 #근대 조약에 비친 침략의 얼굴

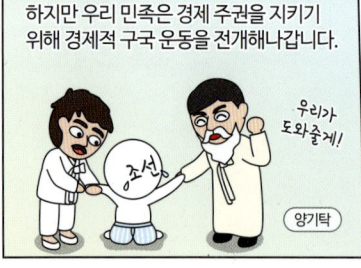

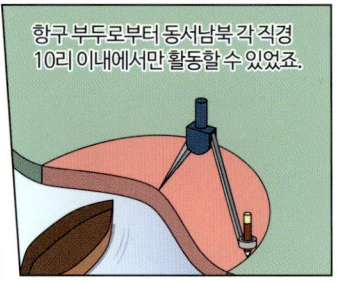

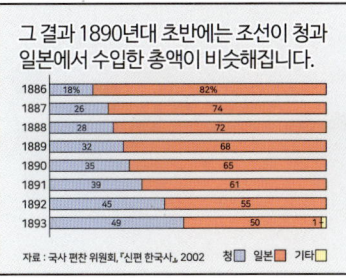

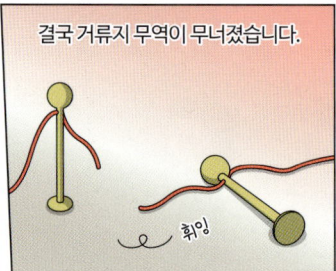

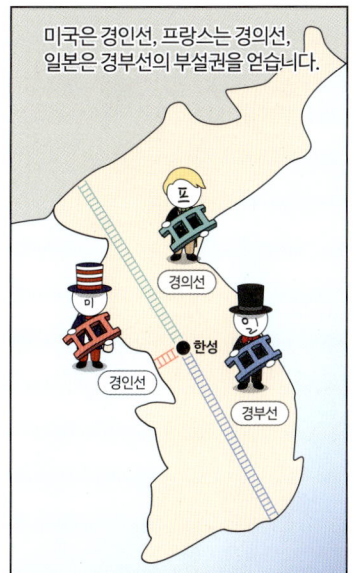

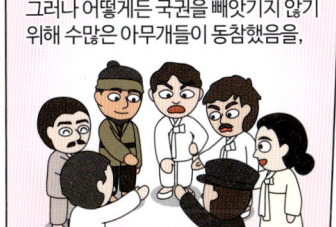

열세 번째 만남

두 얼굴로 다가온 근대

#근대 문물의 수용 #개항 이후 사회·문화 변화 #우편_전기_학교 #근대의 옷으로 갈아입은 조선

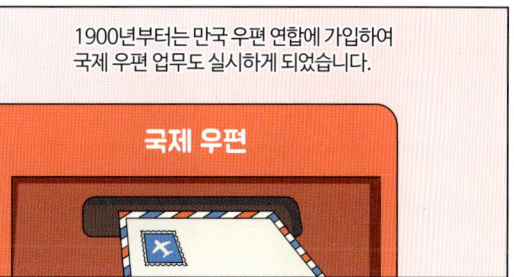

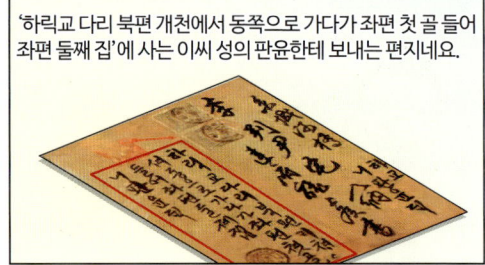

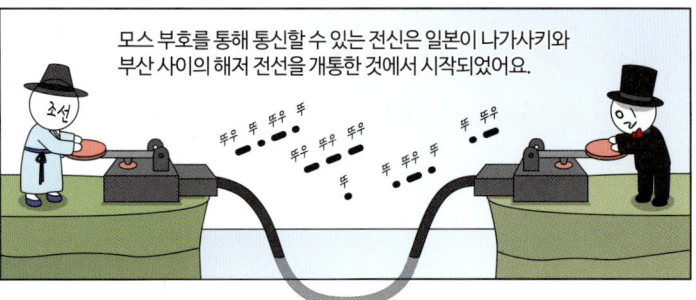

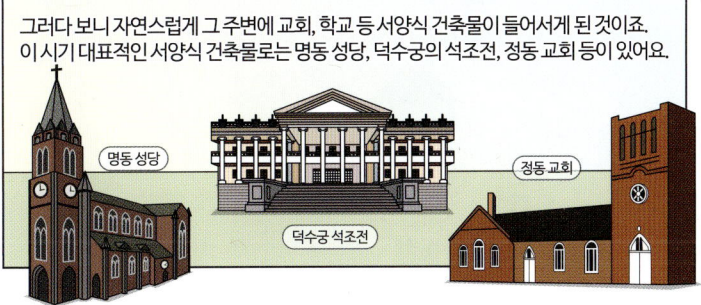

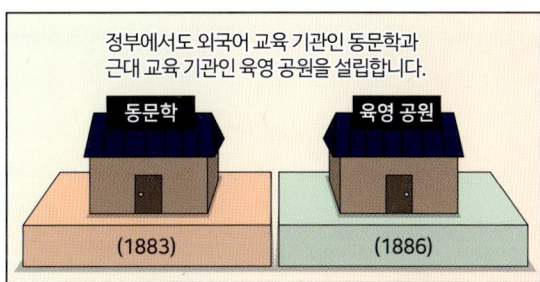

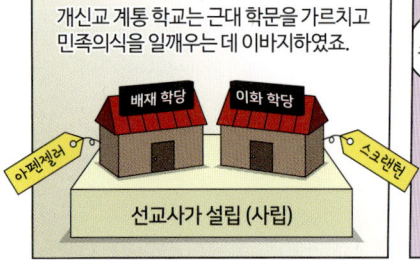

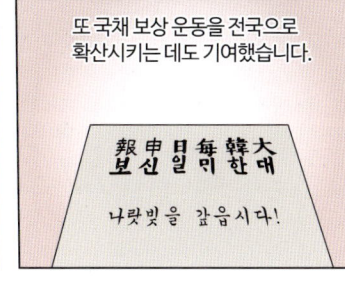

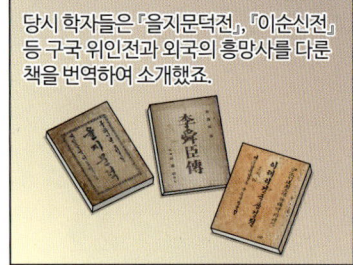

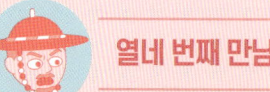 열네 번째 만남

우리의 발자국이 남겨질 땅

#독도와 간도 #영토 분쟁 #우산국 세트 #간도 협약 #우리 땅이라는 근거 #탐욕에 눈먼 일본

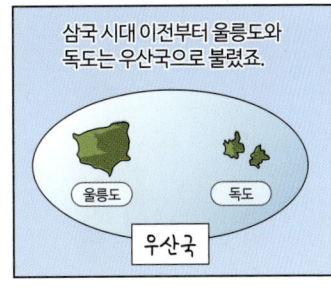
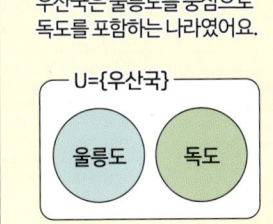

  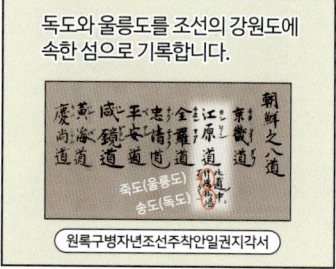

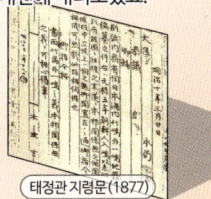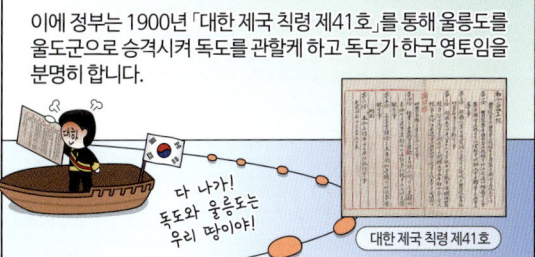

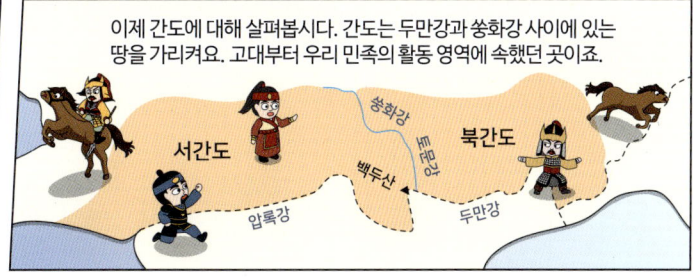

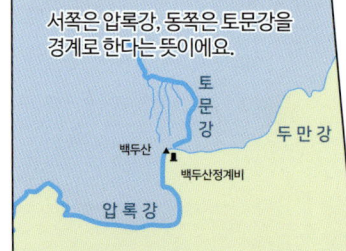

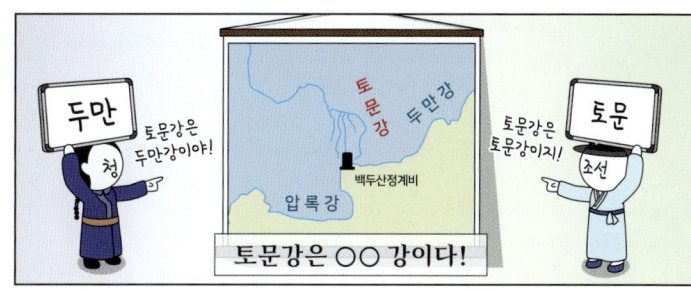

15~22 일제 강점기

#'만세'에 '민국'이 태어나다

1910년 8월 29일, 결국 조선은 일본의 완전한 식민지로 전락합니다. 나라가 망했단 소식에 곳곳에서 울음소리가 터져 나왔고 스스로 목숨을 끊는 일도 벌어졌죠. '무궁화 삼천리 강산이 궁지에 빠졌구나' 망국의 책임을 통감하며 자결을 선택한 매천 황현의 절명시입니다.

일제의 강점으로 창살 없는 감옥 생활은 35년간이나 이어집니다. 일제는 시기별로 통치 정책을 바꿔가며 강압적 통치와 수탈을 자행하죠. 총과 칼을 앞세우기도 하고, '문화'라는 탈을 쓰기도 하고, 민족의식을 말살하여 전쟁에 동원하려고도 했습니다.

그러나 우리 민족은 굴복하지 않았어요. 식민지 굴레에서 벗어나기 위한 처절한 외침 끝에 마침내 광복의 날을 맞습니다. 나라를 되찾기 위해 피와 땀, 눈물을 흘린 이 땅의 선조들에게 감사 인사드리러 가보시지요.

열다섯 번째 만남

총칼로 길들이는 식민지 조선

#무단 통치 #헌병 경찰_즉결 처분 #토지 조사 사업 #회사령 #폭력으로 조선을 짓밟은 일본

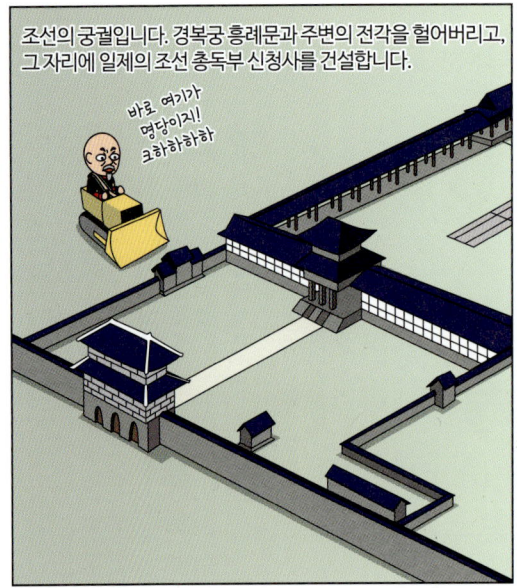

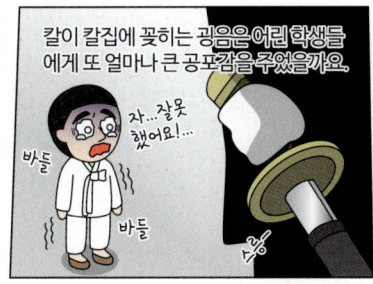

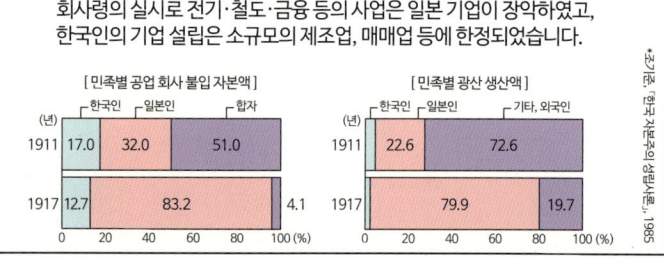

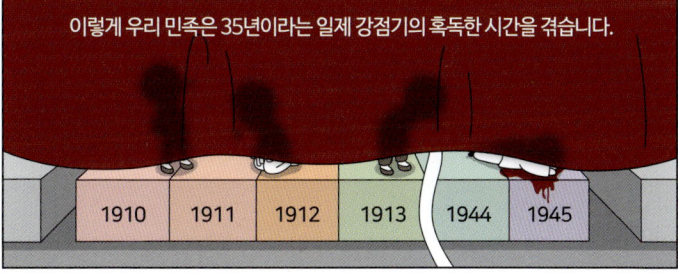

 열여섯 번째 만남

겉 다르고 속 다른 문화 통치

#이른바 문화 통치 #3·1 운동 #산미 증식 계획 #회사령 폐지_신고제 #일본의 눈 가리고 아웅

3·1 운동으로 온 나라가 대한 독립 만세의 함성과 태극기로 뒤덮이는 것을 목격한 일제는 무단 통치의 한계를 깨닫게 됩니다.

더불어 3·1 운동을 계기로 무단 통치의 실상이 전 세계에 알려지자 일제는 국제 여론을 의식하지 않을 수 없었어요.

해결사가 필요해!

결국 제3대 조선 총독으로 부임한 사이토 마코토는

조선의 식민 통치 방식을 바꾸기로 결정합니다.

일제의 폭력성을 은폐하고 한국인의 반발을 무마하고자 이른바 '문화 통치'로 식민 통치 방식을 전환한 것입니다.

일제는 우선 무관이 아닌 문관도 총독이 될 수 있도록 합니다.

그리고 헌병 경찰제를 보통 경찰제로 바꾸었어요.

 열일곱 번째 만남

침략 전쟁의 희생양이 된 조선

#민족 말살 통치_전시 동원 체제 #황국 신민화 정책 #남면북양 #공출의 아픈 기억
#끝없는 일본의 욕심

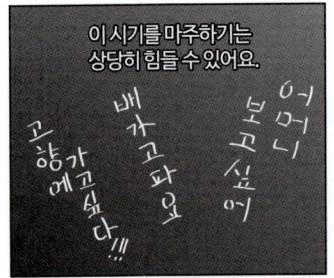

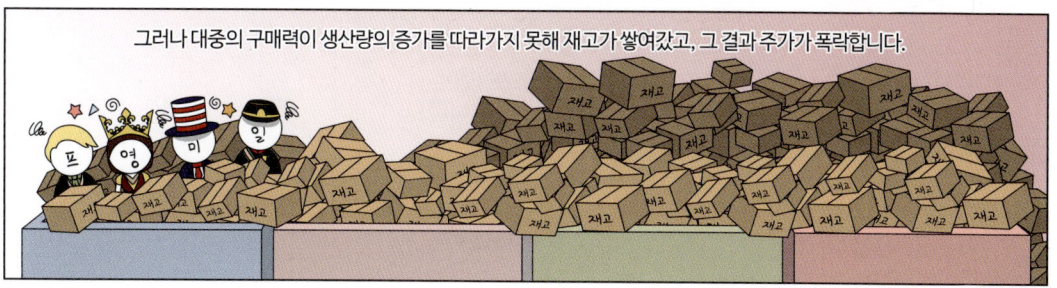

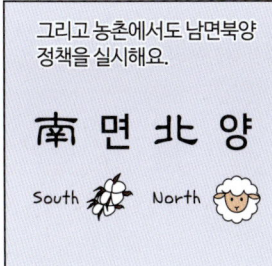
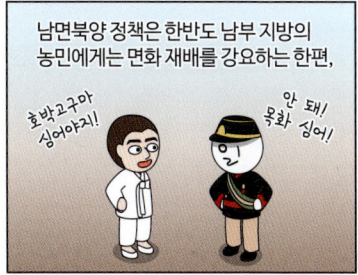

열여덟 번째 만남

꺾일 줄 모르는 민족의 독립 의지

#1910년대 저항 운동 #국내 비밀 결사 #국외 무장 투쟁 #독립을 향한 열정과 희생

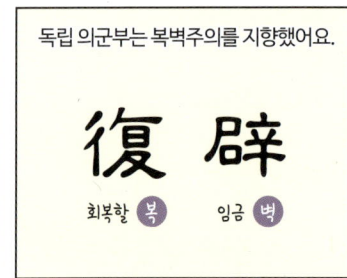

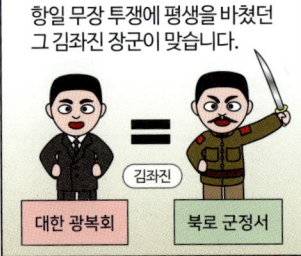

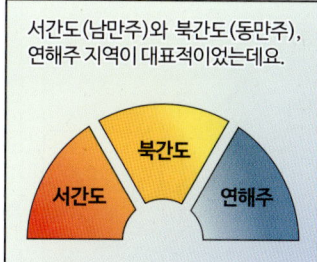
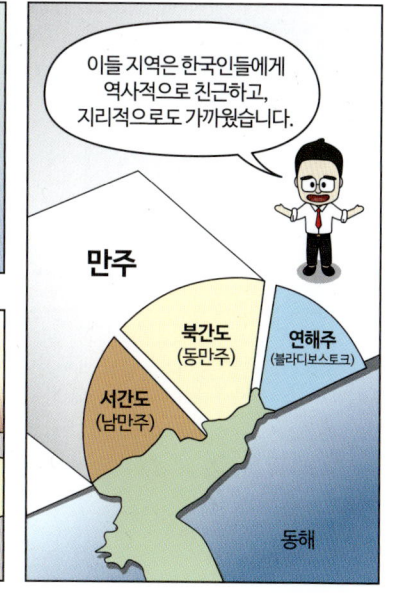

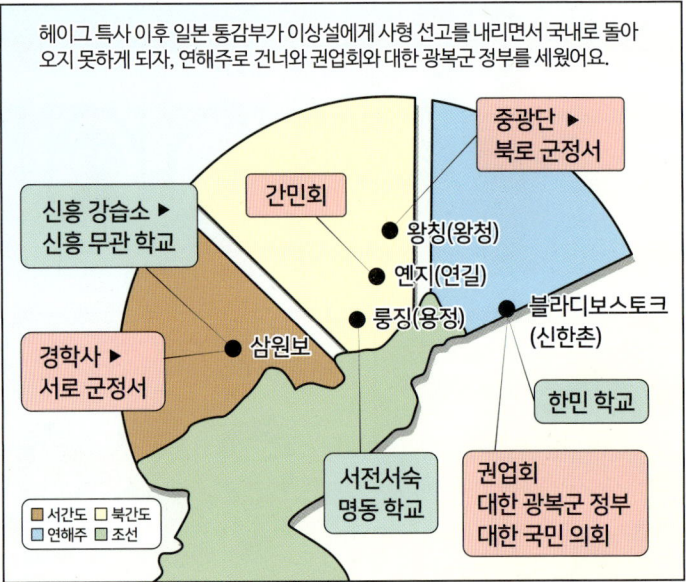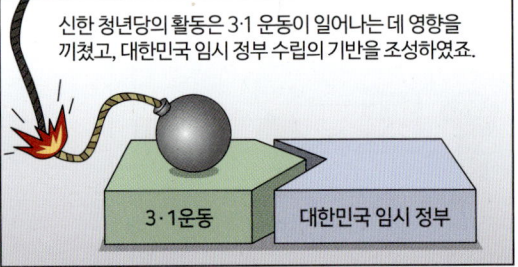

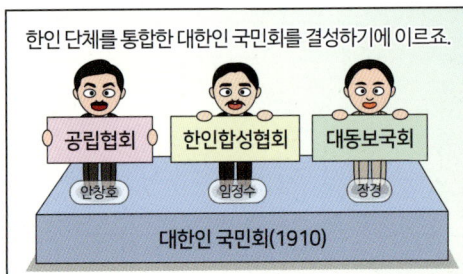

열아홉 번째 만남

독립을 향한 당당한 외침

#3·1 운동과 대한민국 임시 정부 #전국에_만세 소리 #문화 통치로_전환 #한인 애국단
#독립의 구심점 #꺼지지 않는 그날의 함성

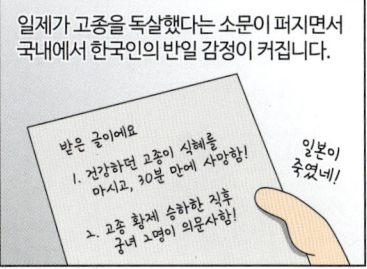

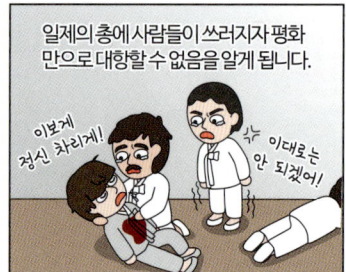

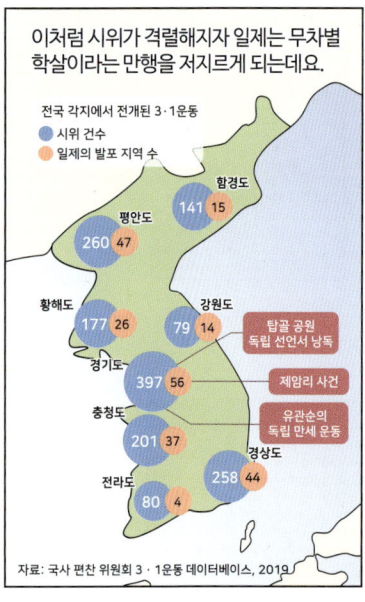

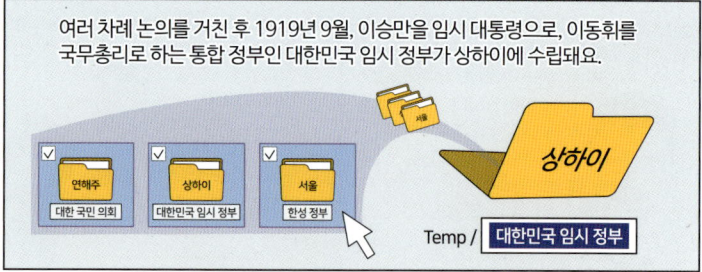

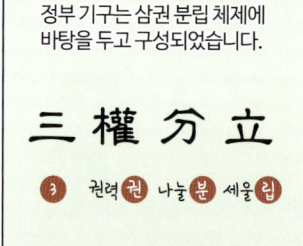
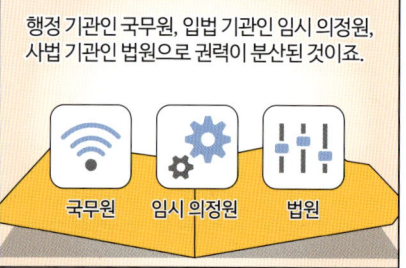

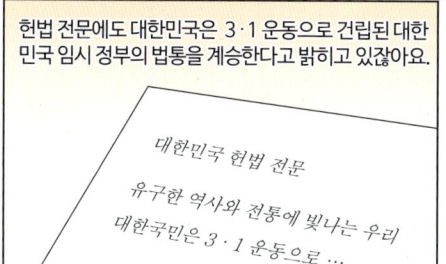

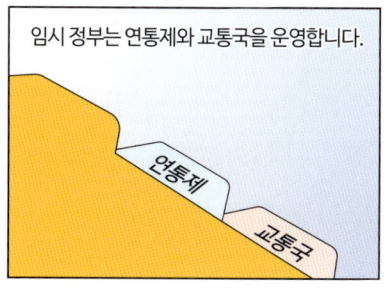

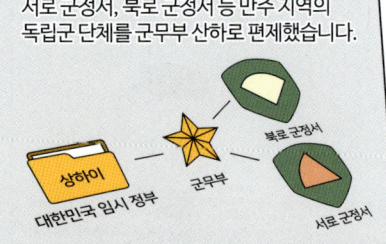

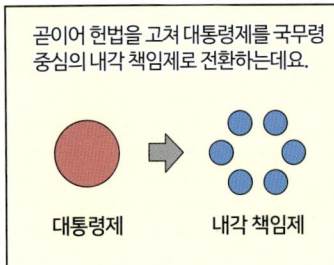

스무 번째 만남

식민지 굴레에서 벗어나기 위한 몸부림

#1920년대 국내의 저항 #실력 양성 운동 #쟁의 #신간회_민족 협동 전선 #학생 운동
#다른 세력_같은 공감대

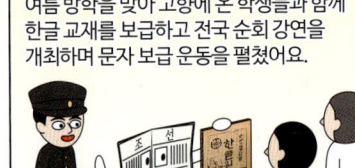

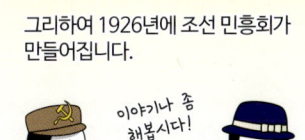

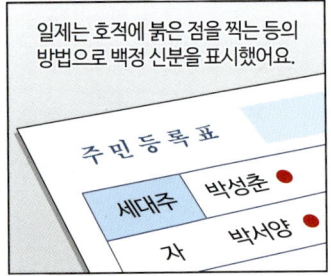

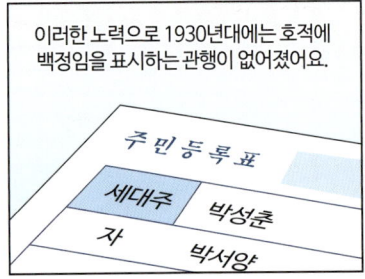

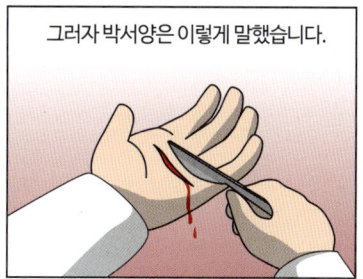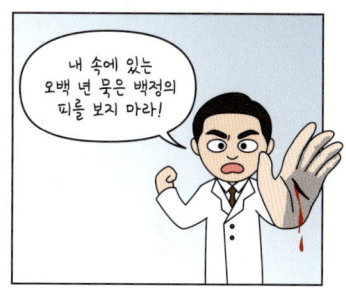

 스물한 번째 만남

나라 밖에서 써 내려간 승리의 역사

#1920년대 국외 항일 무장 투쟁 #봉오동 전투+청산리 대첩 #3부 통합 #의열 투쟁
#누구보다 뜨거웠던 독립군의 삶

1910년대 건설된 국외의 독립 운동 기지를 통해 독립군이 양성되었고, 수많은 독립군 부대가 결성됩니다.

3·1 운동 이후 더 적극적인 무장 투쟁을 통해 독립을 쟁취하자는 목소리가 높아지는 가운데

10년간의 준비를 마친 독립군들은

국내 진격을 목표로 전쟁의 신호탄을 쏘아 올립니다.

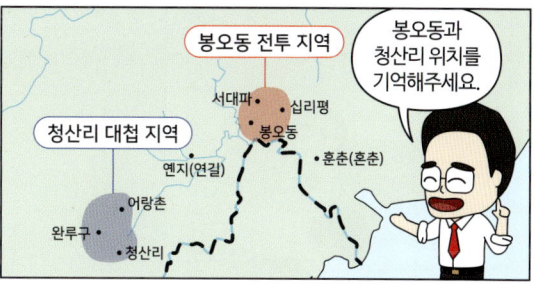

*적군(붉은 군대) : 러시아 혁명을 이끄는 공산당의 군대

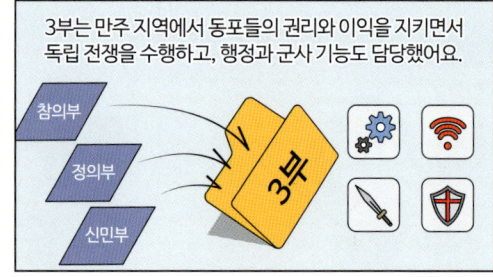

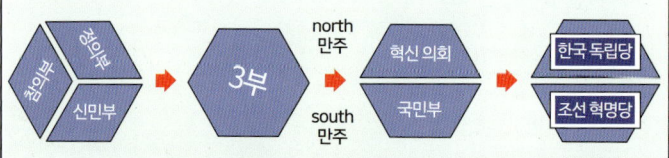

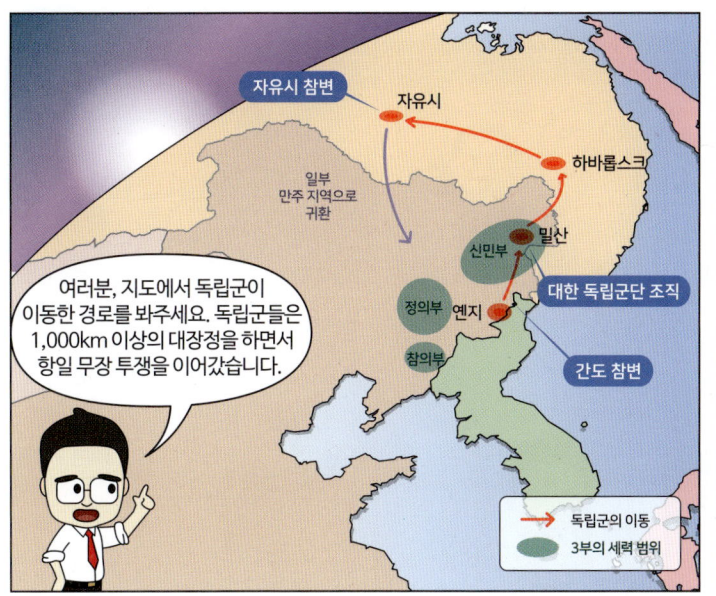

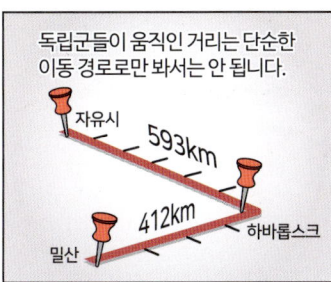

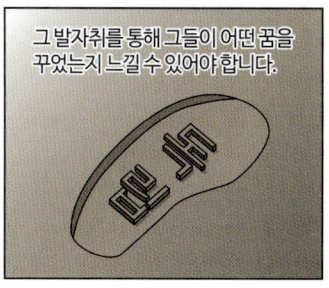

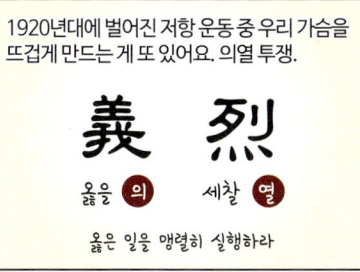

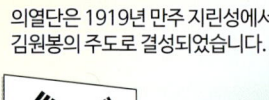

 스물두 번째 만남

온 힘을 다해 준비한 광복의 순간

#1930년대 국내외 독립운동 #민족 문화 수호 #한중 연합 작전 #한인 애국단
#봄날은 온다_광복이 눈앞에

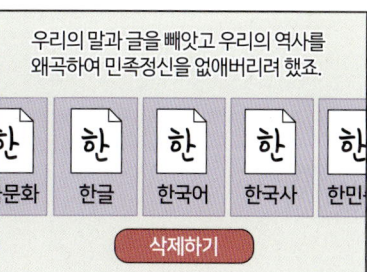

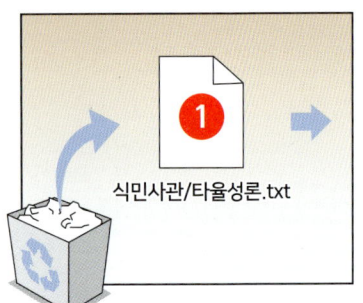
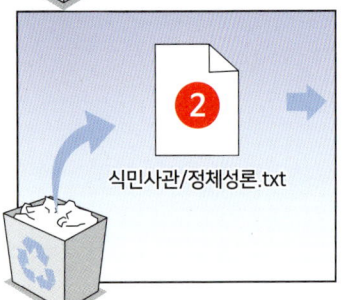
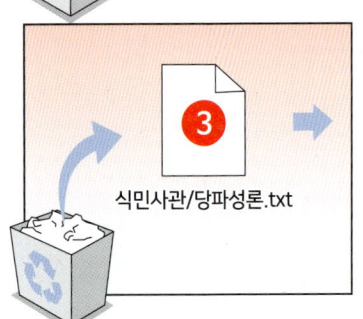

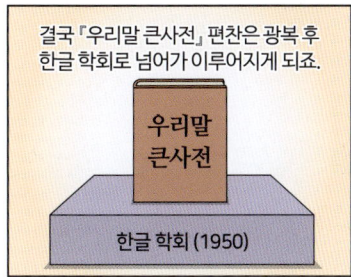

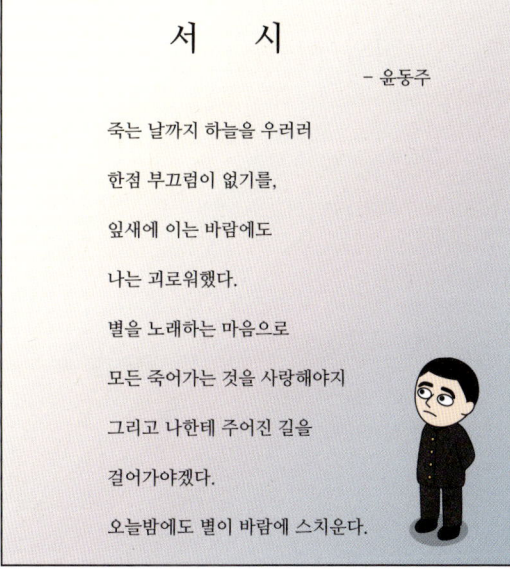

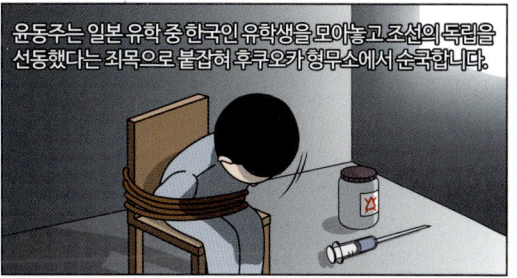

절 정
— 이육사

매운 계절의 채찍에 갈겨

마침내 북방으로 휩쓸려 오다

하늘도 그만 지쳐 끝난 고원

서릿발 칼날진 그 위에 서다

어데다 무릎을 꿇어야 하나

한 발 재겨 디딜 곳조차 없다

이러매 눈 감아 생각해 볼밖에

겨울은 강철로 된 무지갠가 보다

님의 부르심을 받들고서
— 노천명

남아면 군복에 총을 메고

나라 위해 전장에 나감이 소원이리니

이 영광의 날

나도 사나이였으면, 나도 사나이였으면

귀한 부르심 입는 것을

……

이제 아세아의 큰 운명을 걸고

우리의 숙원을 뿜으며

저 영미(英美)를 치는 마당에야

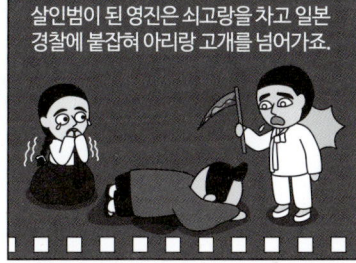

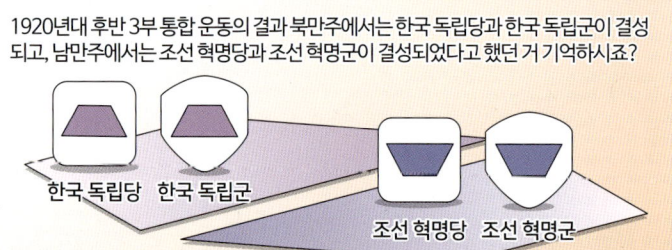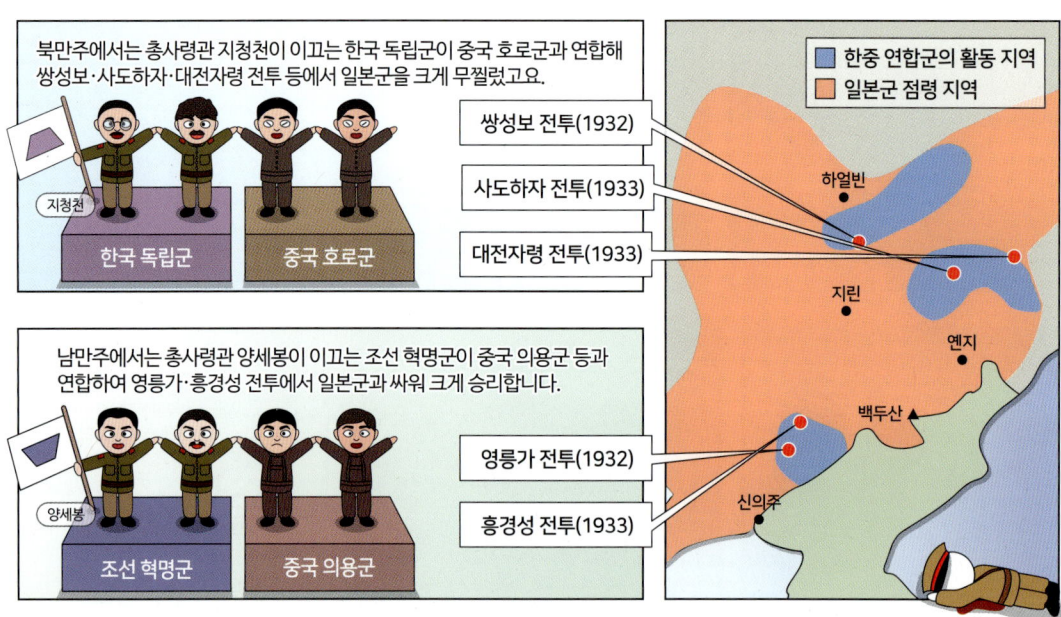

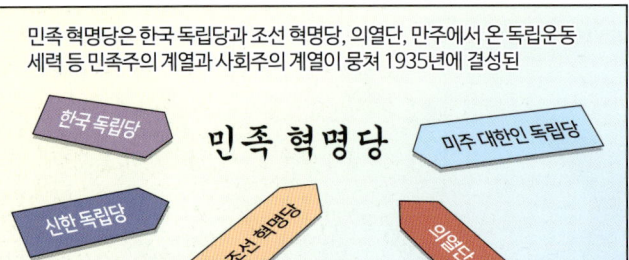

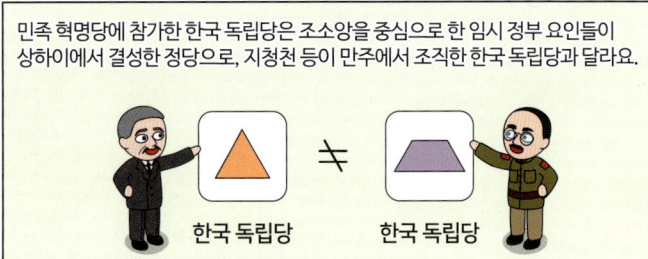

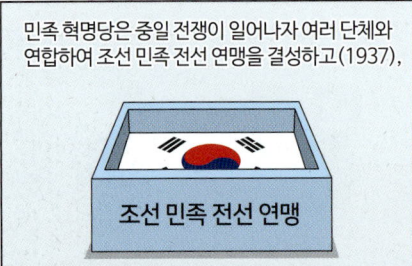

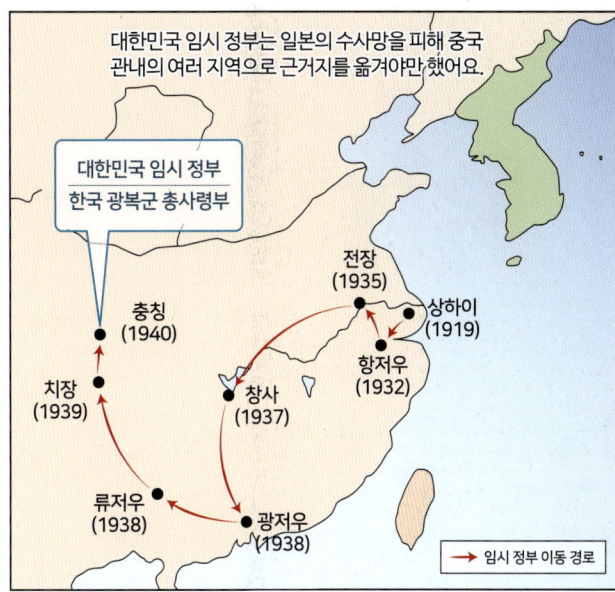

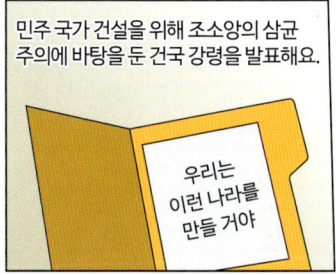
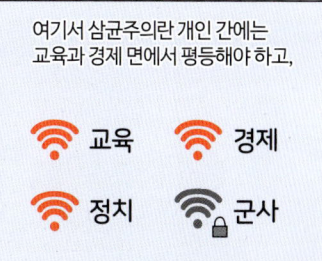

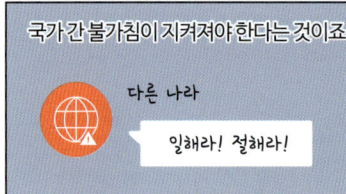

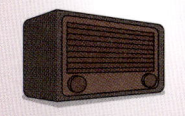

23~28

#'대한민국'이라 쓰고 기적이라 부른다

광복! 그리고 분단. 아니, 광복보다 먼저 온 분단.
맵고 시린 일제 강점기를 지나 현대로 들어왔습니다.

38도선이 남북을 가르고, 신탁 통치가 좌우를 나누면서
결국 6·25 전쟁을 촉발시켰고, 한반도는 걷잡을 수 없는 혼란에 빠집니다.
엎친 데 덮친 격으로 전쟁은 남과 북에 강력한 독재 정권을 탄생시켰죠.

독재에 맞서 끈질기게 저항했던 앞선 세대의 희생이
결국 이 땅에 민주주의를 뿌리내리게 해주었습니다.
그리고 이것을 잘 지켜가는 것이 오늘 우리의 몫이 되었고요.

자식들에게 독재를, 가난을 물려주지 않고자 노력했던
앞선 세대를 만나러 가보겠습니다.

스물세 번째 만남

마침내 광복, 그러나 분단

#1945년 8월 15일 #모스크바 3국 외상 회의_신탁 통치 #좌우 합작 운동
#안개가 드리워진 광복 후의 한반도

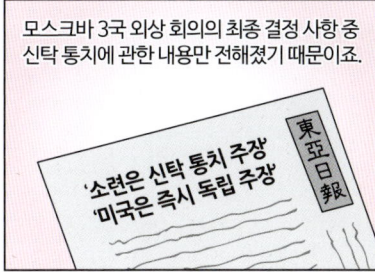

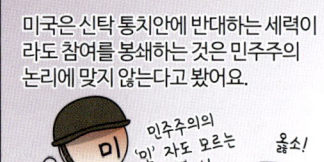
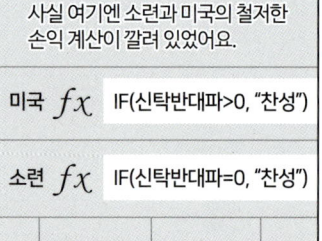

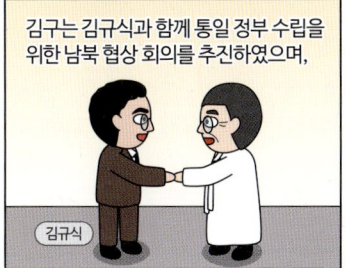

스물네 번째 만남

대한민국에 닥친 시련, 전쟁과 독재

 #대한민국 정부 수립과 이후의 모습 #제헌 국회 #6·25 전쟁 #이승만 독재 #삐걱거리는 대한민국

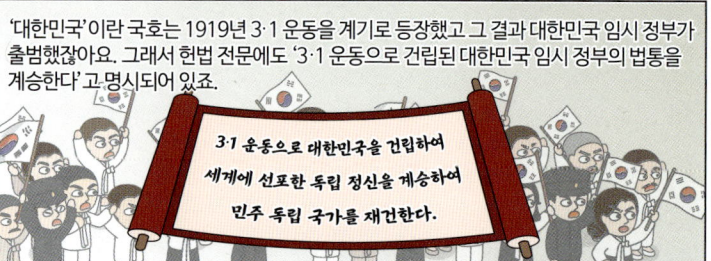

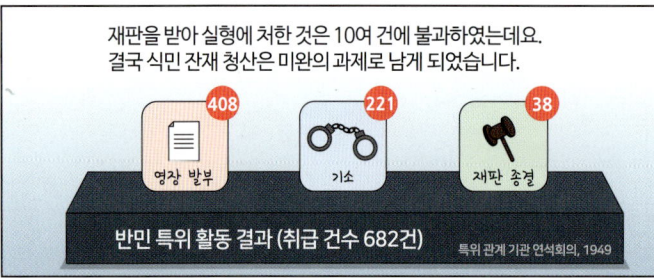

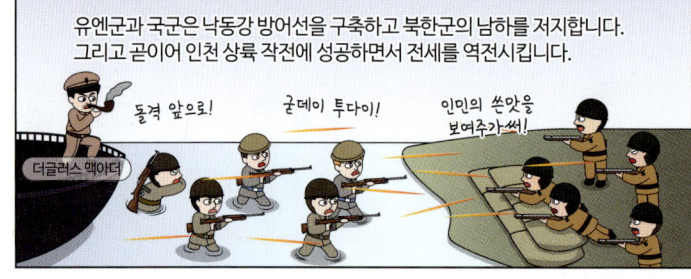
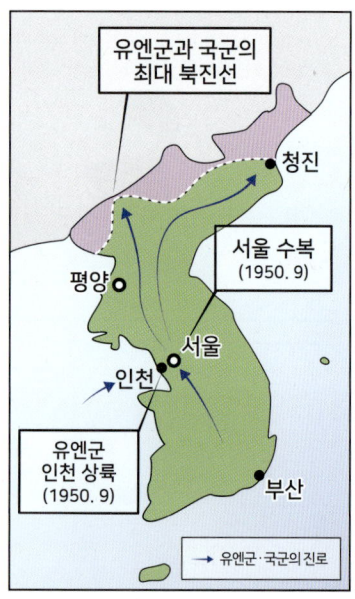

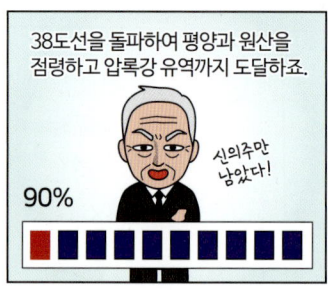

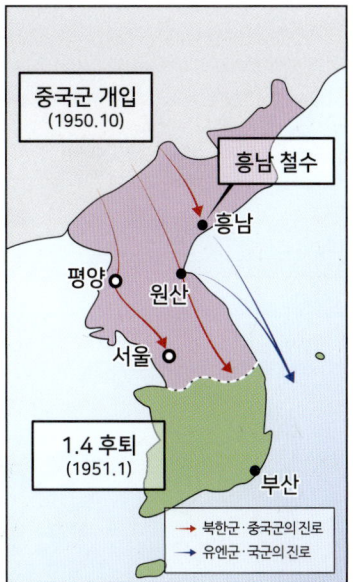

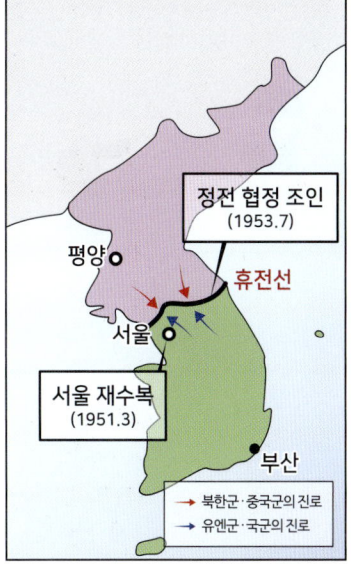

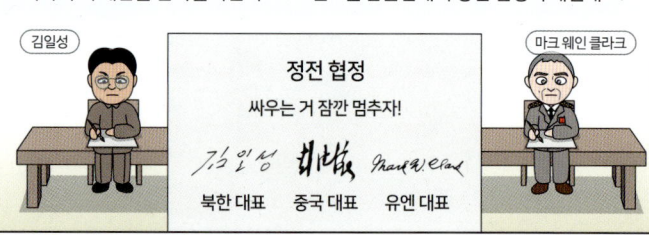

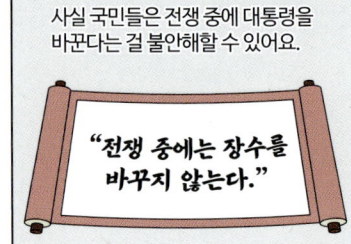

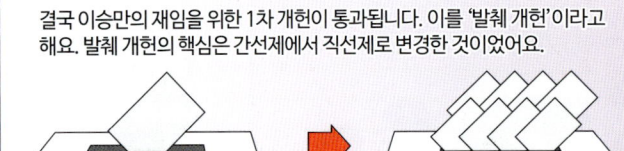
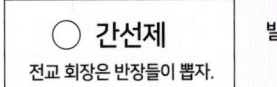
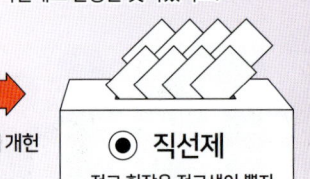

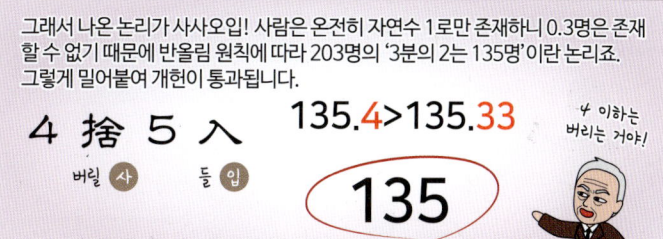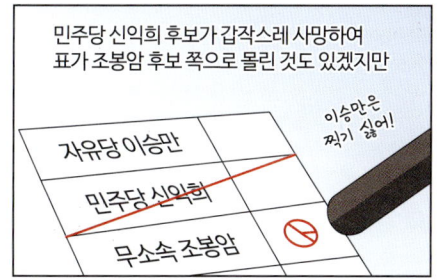

스물다섯 번째 만남

독재에 맞선 거센 저항의 물결

#민주화를 위한 노력과 시련 #4·19 혁명 #유신 헌법 #부마 민주 항쟁
#상처를 딛고 독재를 넘어서

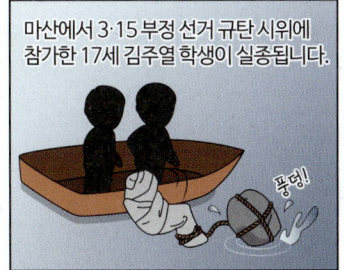

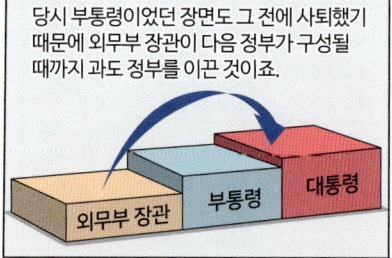
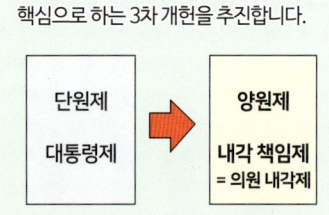
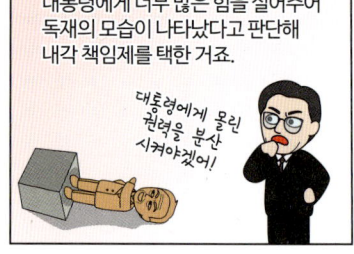
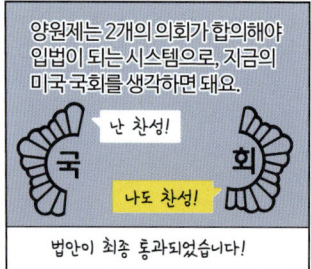

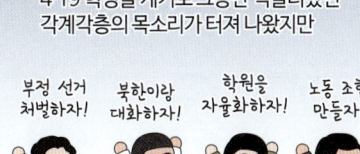

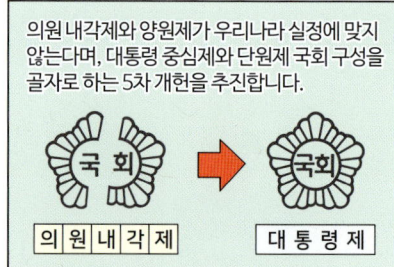

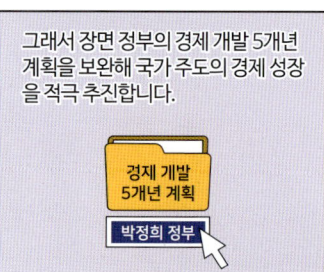

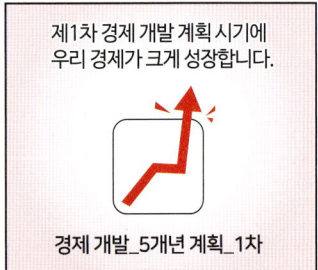

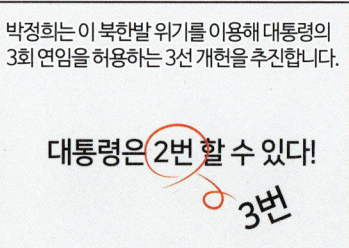

스물여섯 번째 만남

피의 독재에서 승리의 민주주의로

 #민주주의의 발전 #12·12 군사 반란 #5·18 민주화 운동 #6월 민주 항쟁 #거리를 집어삼킨 민심

10·26 사태가 일어나자 당시 국무총리였던 최규하가 대통령 권한 대행이 되어 전국에 계엄령을 내립니다.

국민들의 바람대로 유신 헌법을 폐기하고 민주적 절차에 따라

대통령 선거를 치러야 했지만 최규하 대통령 권한 대행은 일단

새 대통령을 선출한 뒤 헌법을 개정하겠다는 담화를 발표하죠.

12월 6일, 통일 주체 국민 회의에서 최규하가 대통령으로 선출됩니다.

그리고 10·26 사태 진상 조사를 위해 보안사령관이었던 전두환이 계엄사령부 합동수사본부장으로 임명됩니다.

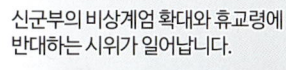

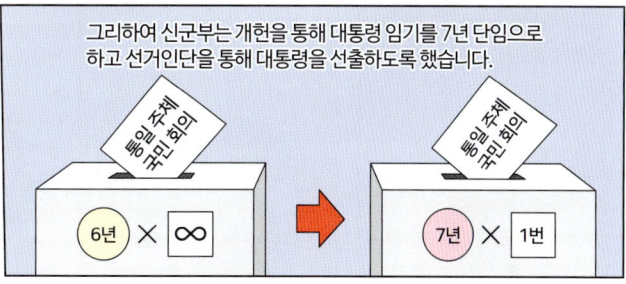

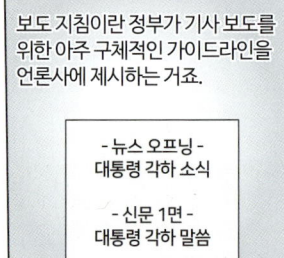

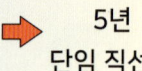

스물일곱 번째 만남

경제 발전의 빛과 그림자

#광복 이후 사회·경제적 변화 #경제 개발 5개년 계획 #베트남 파병 #외환 위기
#한강의 기적 속 보릿고개

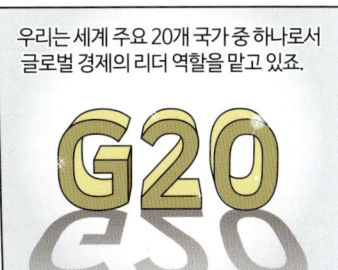

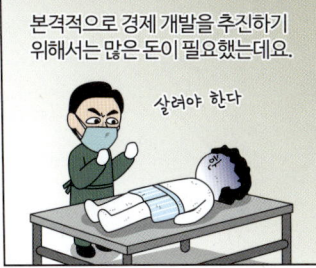

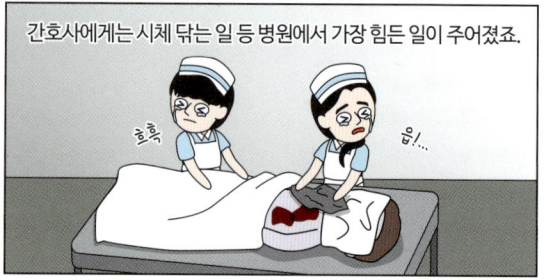

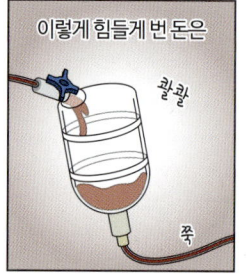

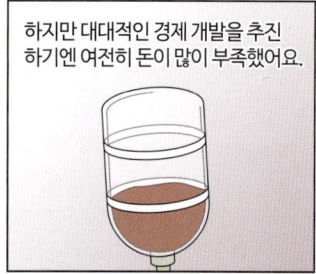

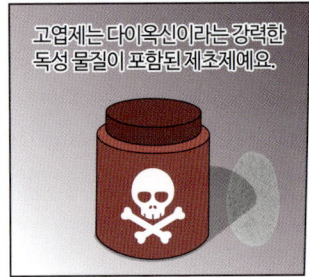

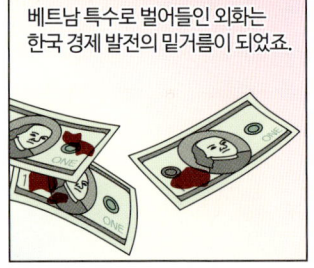

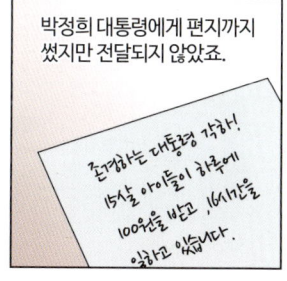

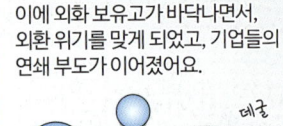

스물여덟 번째 만남

풀지 못한 숙제,
통일로 가는 길

#통일을 위한 노력 #7·4 남북 공동 성명 #남북한 유엔 동시 가입 #햇볕 정책
#남북 정상 회담 #평화의 씨앗이 자라 통일의 열매를 피운다

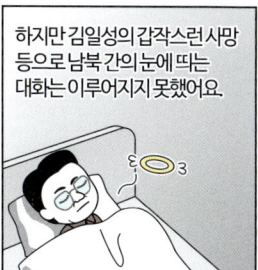

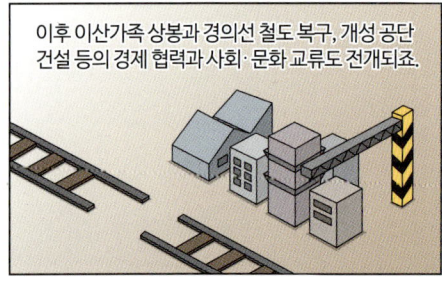

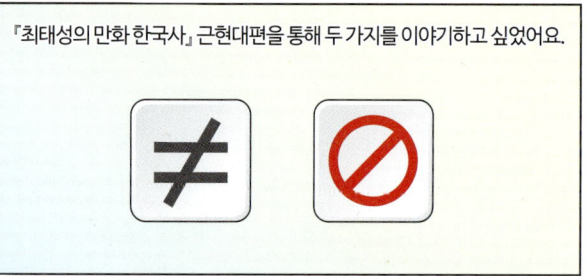

EPILOGUE
그린이의 맺음말

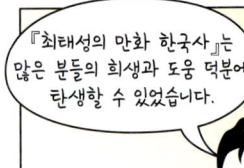

최태성의
만화 한국사

2 근현대편

초판 1쇄 발행	2020년 11월 11일
초판 11쇄 발행	2025년 6월 10일
강의·글	최태성
글·그림	김연규
감수	모두의 별별 한국사 연구소 곽승연, 이상선, 김혜진
발행인	손은진
개발 책임	김문주
개발	김숙영, 서은영, 민고은
제작	이성재, 장병미
디자인	주희연
발행처	메가스터디(주)
주소	서울시 서초구 효령로 304 국제전자센터 24층
대표전화	1661-5431
홈페이지	http://www.megastudybooks.com
출판사 신고 번호	제 2015-000159호

이 책은 메가스터디(주)의 저작권자와의 계약에 따라 발행한 것이므로 무단 전제와 무단 복제를 금지하며,
이 책 내용의 전부 또는 일부를 이용하려면 반드시 저작권자와 메가스터디(주)의 서면 동의를 받아야 합니다.
잘못된 책은 구입하신 곳에서 바꾸어 드립니다.

메가스터디BOOKS

'메가스터디북스'는 메가스터디㈜의 교육, 학습 전문 출판 브랜드입니다.
초중고 참고서는 물론, 어린이/청소년 교양서, 성인 학습서까지 다양한 도서를 출간하고 있습니다.